Miramientos

Javier Marías

Miramientos

Papel certificado por el Forest Stewardship Council®

Primera edición en este formato: septiembre de 2025

Printed in Spain – Impreso en España

ISBN: 978-84-204-7618-6
Depósito legal: B-12016-2025

Compuesto en MT Color & Diseño, S. L.
Impreso en Liber Digital, S. L., Casarrubuelos (Madrid)

AL76186

Índice

Prólogo

El origen de este librito se encuentra sin duda en la última parte de otro mío, *Vidas escritas*, un apéndice o colofón que titulé 'Artistas perfectos' y en el que comentaba muy brevemente treinta y siete retratos de escritores, todos ellos extranjeros y ya muertos. Apenas si dedicaba cinco o seis líneas a cada uno, y, como explicaba en el Prólogo de aquel volumen, la exclusión de autores españoles, tanto en los retratos como en las *vidas* que los precedían, fue debida a más de un motivo, pero el principal era que '... son ya tan numerosas y variadas las ocasiones en que se me ha negado la españolidad por parte de algunos críticos y colegas indígenas (tanto en lo que se refiere a la lengua como a la literatura como casi a la ciudadanía) que a la postre, me doy cuenta, he llegado a sentir cierta inhibición a la hora de hablar de los escritores de mi país, entre los que sin embargo están algunos de mis preferidos (March, Bernal Díaz, Cervantes, Quevedo, Torres Villarroel, Larra, Valle-Inclán, Aleixandre, por no citar a los vivos) y entre los que me temo que pese a todo me voy contando. Pero es como si me hubieran convencido de que no tengo derecho a ello, y uno actúa según sus convencimientos'.

No es que las cosas hayan cambiado en este aspecto desde entonces, antes al contrario: en los cinco años y medio transcurridos, las ocasiones en que se me ha negado la españolidad han aumentado furiosamente, y ya no son sólo colegas y críticos, sino medios de comunicación en pleno e instituciones oficiales. Hasta el punto de que cada vez que he salido al extranjero y me he visto presentado o tratado como escritor de España he tenido la sensación de asistir a un malentendido, y a punto he estado de alzar la mano para deshacerlo en el acto. Lo que me lo impidió fue darme cuenta a tiempo de que tampoco tenía a mano otro país al que adherirme. No sólo me siento cada día más apátrida, sino también más huérfano y descarriado: hasta mi principal editorial española hasta la fecha, la avinagrada Anagrama, me ha combatido y repudiado cuando aún soy autor suyo —mis libros como rehenes—, un caso único en los anales, no sé si de la cicatería o del extravío. Eso sí, en lo que respecta a mi convencimiento antes citado, he pasado al otro extremo, y ahora, desde mi condición definitivamente extraterritorial, creo tener tanto derecho a hablar de los escritores de mi país de origen como de los de cualquier otro sitio. Todos me son igual de propios y ajenos.

Mentiría por omisión, sin embargo, si no añadiera que este nuevo convencimiento ha sido inducido, por no decir forzoso. Hace casi tres años, un antiguo y escurridizo amigo, Luis Revenga, me pidió que le escribiera una sección fija para una revista que planeaba, *Cuadernos Cervantes*. Como su intención última era darme mucho quehacer —ya no recuerdo su propuesta inicial, pero sí que me habría obligado a lecturas y relecturas sin cuento—, pensé que la mejor manera de esquivarla sería mirar imágenes en vez de tragarme textos, y le sugerí la presente serie bajo el título de *Contrafiguras*, que no mantengo en este libro y sustituyo por *Miramientos.* Refunfuñó un poco, porque ya digo que lo que en verdad pretendía era esclavizarme, como consiguió con algún otro amigo como Manolo Rodríguez Rivero; pero acabó aceptando, y no sólo eso: se comprometió a proporcionarme él las fotografías de mis elegidos, ya que por las características de su revista —dedicada a la lengua española y a su enseñanza, al parecer un gran éxito en los campus universitarios más remotos—, todos los retratados habían de ser escritores que se hubieran expresado en castellano. Estos *Cuadernos Cervantes*, campus aparte y dicho sea de paso, deben de ser la revista menos leída de los centenares que hay en España, ya que nadie me ha comentado nunca que hubiera visto ninguna de estas piezas aquí ofrecidas y que por lo tanto se pueden considerar casi inéditas (menos en los campus). Aunque mi serie ya ha concluido, ruego a los lectores de este Prólogo que compren esa revista a partir de ahora, porque yo creo que si no se hunde, y no es el caso.

Así pues, la única condición que me impuse para la elección de los retratados fue que no entrara gente cuyo aspecto me resultara antipático o desagradable (no me tientan las invectivas, y ya nos caen demasiadas), ni de la que tuviera tan mala opinión personal o literaria que pudiera influirme a la hora de describir y comentar su rostro. Cabe suponer que esto redujo drásticamente la lista de candidatos, recuerden que debía ocuparme sólo de sujetos españoles e hispanoamericanos; pero también es cierto que podían haber figurado muchos más escritores, personajes tan gratos como Baroja o Machado o Mutis o Rulfo. Al poco, sin embargo, vino otra limitación: Revenga rara vez aportó las fotos prometidas (no hubo forma de que me consiguiera nada nítido de Rosalía de Castro, por ejemplo), de modo que quedé a expensas de mis propias biblioteca y postaloteca, por crear un neologismo bien feo. Y aunque me tocaba escribir una pieza sólo cada dos meses, mi imprevisión se encargaba de que me alcanzara la fecha sin el menor preparativo, y de ahí que en una sola ocasión incumpliera la condición que me había impuesto y maltratase al fotografiado, con el que tuve miramiento sólo en una acepción de la palabra: ruego que me disculpen los chilenos en general y los devotos de Neruda, pero aquella vez no tenía otras imágenes de las que echar mano, y por desgracia veo en las suyas lo que digo que veo.

En ningún caso se habla de otra cosa que de eso, de los rostros y las actitudes: ni de las vidas ni de las obras, y en aquellas oportunidades en que por amistad o identificación yo sabía bastante del carácter del retratado o conocía su biografía, procuré olvidarlos —quizá sin éxito— y centrarme sólo en lo que veía. No hace falta decir que es todo arbitrario, discutible y seguramente equivocado. Las observaciones aquí reproducidas deben entenderse sólo como el resultado de una mirada no ya enteramente subjetiva —como es de cajón— y aun maniática si se quiere, sino que precisamente ha desdeñado y rehuido todo intento de objetividad, o su simulacro.

Se verá que, a medida que la serie avanzaba, los textos se hicieron algo más largos y aumentó el número de fotografías, hasta sumar un total de cuarenta y cuatro para quince personajes. Revenga me fue concediendo más espacio, a ver si así lograba deslomarme, y es posible que también yo empezara a entretenerme —en todos los sentidos del verbo— según perdía el miedo a hablar de mis predecesores y contemporáneos (en lo que se refiere a la lengua empleada, eso es todo, no se crea que me desdigo a última hora de mi condición de húngaro).

No tengo muchas disculpas para la inclusión del decimoquinto retratado: sólo que la tentación fue muy fuerte y decidí caer en ella para no cansarme. Se comprenderá que de ese individuo no me faltara material, de ahí que haya tantas imágenes como del que más, Horacio Quiroga. Vaya en mi posible descargo que hice cuanto estuvo en mi mano, al escribir esa pieza final, para no apartarme del miramiento que había aplicado a los demás escritores mejores. Si lo conseguí aceptablemente ya es otra cuestión.

Los quince retratos incluidos en este volumen, de ocho españoles, tres argentinos, un cubano británico, un chileno, un uruguayo y el húngaro, se fueron publicando en los números 1, 2, 3, 4, 5, 6, 7, 8, 9, 10, 12, 13, 14, 15 y 16 de la susodicha y fantasmal revista *Cuadernos Cervantes*, entre marzo de 1995 y septiembre de 1997, con sólo el nombre de cada escritor como título. Sin la decidida voluntad de atarearme de Luis Revenga, su director, este librito no habría sido posible. Lo cual, a estas alturas, no sé si hay que ponerlo en su haber o en su debe, ni si merece la gratitud o el reproche colérico de los lectores.

JAVIER MARÍAS
Septiembre de 1997

Ramón María del Valle-Inclán
invulnerable

Aquí está Valle-Inclán con su barba fluvial, lo que más llama la atención en todos sus retratos, también cuando la barba era negra pero sobre todo cuando ya era espumosa y blanca y se iba dispersando o deshilachando según caía. En la primera foto está sentado, con la mano derecha agarrando o cubriendo el brazo de la butaca como una zarpa, una mano tan conspicua y tan tensa que hace olvidar que por el otro lado le faltaba el brazo de carne, el izquierdo, perdido como resultado de una reyerta —qué admirable— literaria: botellazo, bastonazo, su propio gemelo paró el golpe pero sólo para clavársele en la muñeca e infectar la herida (dicen que se lavaba poco). Aquí está casi mirando a la cámara, no le ha dado tiempo a encararse del todo con ella, por eso tiene un aire de muy leve sorpresa o susto, parecen fingidos, como quien simula espantarse ante un niño que se disfrazó de fantasma y se acercó creyendo que no era visto. La mirada es irónica, o aún más, de guasa, las cejas enarcadas arrugando la frente bromista, toda la parte superior de la cabeza viaja hacia atrás confiriéndole velocidad, también el pelo mucho más obediente y liso que la barba escarchada, más también que el bigote con sus guías trabajadas hacia arriba —pero no mucho, como con

descuido—. Parece que Valle-Inclán se hubiera interrumpido un momento en una tarea grata para dejarse hacer esta foto: ha retirado un segundo la butaca, tomando distancias con la carpeta y la mesa, entre displicente y halagado, como si no le resultara posible estar a la vez a dos cosas. Parece que haya dicho: 'Bueno, venga, me dejo de historias, pero acabemos pronto'. Es un hombre capacitado para divertirse en cualquier instante, se ve en los ojos juveniles y vivos; está contento consigo mismo, parece casi invulnerable. Nadie diría que al hablar ceceaba.

En la segunda foto se lo ve más modoso y venerable, hoy nos recuerda a un rabino con su sombrero blando, pero en su día esa imagen era la de un dandy en regla. Tampoco aquí se echa en falta su inexistente brazo, figura que los dos estén a la espalda. Llaman la atención sus botines con el empeine blanco, la raya del pantalón bien planchada y los pies pequeños, como de bailarín retirado, o acaso es efecto de su calzado de dos colores. Camina satisfecho, mira de reojo —vigila— a la cámara que lo está retratando. La chaqueta está abrochada en ambas imágenes, sobre todo el botón más alto, algo propio de los frioleros. Podría estar paseando por Recoletos o la Castellana, donde hoy tiene una estatua. Ya no está vigente su aserto: 'Los españoles nos dividimos en dos grandes bandos: uno, don Ramón María del Valle-Inclán, y el otro, todos los demás'. Seguramente así de despreocupado andaba también aquel día en que se le cruzaron por un camino de El Pardo un pastor y su rebaño exigiéndole paso. Si mal no recuerdo, alzó el bastón al cielo y se plantó, gritando: 'Apártate tú, vaquero, y deja paso a los hidalgos'.

Jorge Luis Borges desvalido

Borges nunca fue joven o esa impresión nos ha quedado —hay rasgos reñidos con el concepto—, y sin embargo lo parece en la primera foto por contraste con su larga vejez, aunque aquí ya tenía más de cincuenta años. Ese rostro carnoso y bastante terso hace pensar en un buen color de piel, o tal vez en que se sonrojó mientras recibía el retrato, como un adolescente desacostumbrado. Se lo nota incómodo, efímero, sentado en un taburete, sin donde apoyar la espalda, los hombros cargados hacia adelante y los codos tímidamente sobre los muslos demasiado separados. Tiene un aire aseado y levemente dominguero, como si se hubiera pasado el día con la conciencia dominante de que iba a ser fotografiado, el acontecimiento de la jornada. La chaqueta yo diría que es de color de teja, hoy se la ve muy antigua (que no anticuada), con esas solapas anchas que sin embargo no tienen nada de desafiantes y ese botón abrochado como con recato. No hay ningún desenfado, parece un médico de cuando se respetaba a los médicos. En las manos las gafas, quizá quitadas por indicación de la retratista, quizá por una coquetería intuitiva. Las sostiene con fragilidad, está demasiado pendiente de su propia prueba para sujetarlas con fuerza, podrían caérsele en cualquier momento, tal vez esas

gafas que vemos cayeron y se rompieron y asistimos ahora a su último instante. El nudo de la corbata pugna por llegar hasta arriba y tapar el borde del cuello blanco, pero no lo logra, es un imposible. Y la frente surcada como por perfiles de pájaros en un Van Gogh, las cejas pobladas, las orejas grandes pero bien pegadas (o hay habilidad para que el pelo no las haga sobresalir aun llevándolo corto). La nariz es como un pomo y es el rasgo más plebeyo, que a Borges seguramente nunca le gustó tener. Pero lo que domina la imagen es la mirada, tan ausente y pacífica o bien tan miope y opaca, lo hace parecer un hombre desvalido y candoroso, alguien que aún no comprende que su cara de pena leve pueda tener nada que ver con su nombre, todavía menos con lo que escribe.

En la segunda foto se lo reconoce perfectamente, no es un hombre que haya experimentado grandes desgracias ni cambios, tal vez en parte porque se quedó ciego hace tiempo, ha dejado de verse y su aspecto depende de otros, de quienes le dan consejos y lo peinan y quizá le hacen descripciones lisonjeras de sí mismo, llamándolo por el apellido. El pelo lo tiene intacto sólo que ya es blanco del todo, como las cejas, por eso mismo más hirsutas y con más relieve. El labio inferior se le ha desplomado y ahora parece mucho más grande, desproporcionado con el superior, que casi ha desaparecido. La nariz se le ha alargado pero no ha ennoblecido, las mejillas no han perdido enteramente su lozanía y en la frente ya no hay pájaros, sino la corteza de un árbol. El párpado derecho está tan caído que ni siquiera permite adivinar el ojo correspondiente, y el izquierdo, sin visión, produce una impresión de escepticismo o descreimiento. Se rasca la cabeza, lo han pillado en medio de un gesto, la primera foto parecía un hecho aislado y esta otra es una instantánea de una sucesión inacabable, no tiene nada de acontecimiento. A estas alturas de su vida Borges ya estará acostumbrado y no posa, entre otros motivos porque no puede controlar lo invisible ni sentirse herido por quienes lo inmortalizan. Es mucho más viejo, no ve y sin embargo se lo nota más seguro de sí mismo: ya es un hombre malicioso y se ha dejado crecer las patillas, una concesión incomprensible. Tal vez sabe que sus escritos, su nombre y su rostro se han mezclado definitivamente.

Vicente Aleixandre intencionado

He aquí al hombre transparente y tan cálido que fue Vicente Aleixandre, sobre todo en la primera foto, de su cabeza limpia y aguda y de piel uniforme, como si aceptar la discontinuidad del color o los accidentes cutáneos equivaliera a manifestar la doblez que él jamás consintió ni probablemente se consintió a sí mismo más allá de la cortesía. Ese continuum de tersura como cuero brillante se ve interrumpido casi sólo por los ojos azules y bien abiertos, que por lo tanto dominan el rostro con una curiosa mezcla o compendio de lo que él quizá fue durante la mayor parte de su vida: meditación, ironía, rectitud y pesar, cosas todas ellas que dan fulgor a la mirada despierta, de quien no pasa nada por alto o lo hace sólo desde la clemencia. La nariz grande y un poco curva como si perteneciera a un yelmo confiere al rostro intención y malicia, lo aproxima al de actores de facciones muy nobles que hicieron de 'malos' en las películas, como Vincent Price, o de personajes melancólicos con un sentido del humor escéptico, como el gran Louis Calhern, aquel Julio César de Mankiewicz, aquel viejo conmiserativo y paciente con Marilyn Monroe en *La jungla de asfalto.* A esa malicia contribuye también el bigote, tan fino y canoso que apenas se ve, asimismo es translúcido, una sombra huidiza

sobre la boca alargada que remata otro rasgo saliente, el mentón picudo que no precisa de barba para traer a la memoria a Fagin, el fantástico maestro de rateros niños que concibiera Dickens para *Oliver Twist.*

También Aleixandre fue maestro de niños y de no tan niños, pero casi sin hacerlo notar, desde luego sin subrayarlo ante los innumerables poetas y no poetas que íbamos a visitarlo a veces a su casa de Velintonia que ahora se cae a pedazos y es refugio de algún vagabundo con el que el espíritu de Aleixandre sin duda habría llegado a un pacto de mutuo asombro: a él le importaba la posteridad como juego tan sólo, a diferencia del decoro, por el que siempre se preocupó realmente y que en el retrato se advierte en el escaso pelo lateral muy peinado y en el nudo de la corbata perfecto, sobrio y semiescondido por el cuello de la camisa blanca de colegial.

Ese atildamiento se ve igualmente en la otra foto, en los pantalones con pliegues —no son arrugas—, de tantísima calidad. La figura le hace aquí buena justicia, no así la cara, este retrato es casi una traición, con esas gafas de sus últimos años que ocultan sus esenciales ojos como si fueran un rudimentario antifaz. Aquí lo más interesante es esa mano derecha adelantada, con los dedos distinguibles y largos y muy elegantes, una mano de Georges de La Tour. Aleixandre tenía siempre una elegancia doméstica y nada exhibicionista, como propia de quien pasaba en su casa la mayor parte del tiempo por su delicada salud, pero atento siempre hacia el exterior, nunca ensimismado ni reconcentrado ni encastillado, sino todo lo contrario: privado de resentimiento y lleno de curiosidad. Y ahora que lo pienso, en el primer retrato que sólo nos muestra su cabeza sin que nada nos permita saber la ocasión ni las circunstancias, bien podría estar mirando por la ventana de su chalet, con la mirada ilusionada y ya a la vez apesadumbrada de quien ve llegar a un visitante querido que sin embargo nunca se quedará.

Juan Benet misterioso

Don Juan Benet pasó muchas horas de su vida ahí donde lo vemos en la primera foto, sentado o echado en su famosa otomana que todos sus amigos le envidiamos siempre. Rodeado de libros y discos en controlado desorden, sobre la mesita suplementaria un paquete de cigarrillos, un cortaplumas. Su figura alargada se ve aquí entera, con las piernas cruzadas dejando al descubierto un poco de pantorrilla, un detalle que milagrosamente no lo priva de un átomo de elegancia, como si la suya involuntaria pudiera sobreponerse a cualquier descuido. Quizá se ha incorporado un momento sólo para que su hija Juana le haga el retrato, quizá por eso su mirada está todavía donde estaba su mente, en la lectura interrumpida o en la meditación más grave que malhumorada, más misteriosa que apesadumbrada, a veces es difícil distinguir esas cosas en los ojos que nos están mirando. Está vestido como lo están los hombres recién llegados del trabajo, sin chaqueta ya pero aún con corbata. Llama la atención ese pelo blanco y gris brillante, parece la superficie en día nublado de un mar en calma, como si en él hubiera movimiento y flujo, menores que los de una ola, un pelo hidráulico. El bigote y las cejas mucho más oscuros restan venerabilidad al cabello, se trata de

un hombre incisivo y alerta, tanto que puede resultar imparable en sus argumentos si se lo propone. No apoya la mano en la mejilla, sino la mejilla en la mano distinguida y grande, que abarca. Su expresión es enigmática, parece haber en ella una mezcla de impaciencia y sufrimiento, de conmiseración y sorpresa; y algo de descreimiento, quizá era el curso de sus pensamientos aún retenidos al levantar la vista.

Esa mano izquierda vuelve a aguantar la cara en la segunda imagen, mucho menos casera aunque no se vea ningún contexto. Benet está vestido para alguna ocasión, esa camisa a rayas con el cuello blanco es algo infrecuente y el nudo de la corbata a lunares aspiró a estar ajustado y tal vez fue soltándose durante una velada. Los ojos son aquí más soñadores y más amables, pero de nuevo están llenos de ambigüedad o indecisión voluntaria o misterio, exactamente como sus novelas. Benet puede estar escuchando algo que le parece una majadería y a lo que replicará en cuanto su interlocutor haga la pausa, o bien puede estar mirando con afecto y hasta emoción contenida a alguien que lo complace. En su expresión hay otra vez mezclas insólitas o desusadas, melancolía y guasa, diversión y piedad, conformidad y desacuerdo, todo es leve. Las manchas de la piel y las arrugas del cuello son lo único no juvenil del retrato: el pelo se aparece más alborotado que en la primera foto, como de muchacho que procuró peinarse sin conseguirlo antes de salir de casa, pese a la mucha agua. La nariz larga y ganchuda da brío al rostro, la sonrisa insinuada indica de nuevo su estado de alerta bajo la apariencia ensoñada de los ojos que jamás rehúyen. Es un hombre con aplomo y seguramente le interesa todo, esto es, demasiadas cosas en las que se va gastando sin importarle. No está hecho para la muerte, y que esté muerto es en su caso otra ambigüedad, otra indecisión voluntaria, sobre todo un gran misterio.

Adolfo Bioy Casares conforme

El rostro de Adolfo Bioy Casares es sin duda uno de los más distinguidos y mejor parecidos de la literatura de este siglo, y uno pensaría que tal regalo ha sido un lastre y un freno para su figura pública: en el fondo un escritor guapo no está bien visto, no es lo que se espera de él y en ello hay algo de afrenta; y al igual que las mujeres hermosas debían dar pruebas fehacientes de su inteligencia en mayor medida que las poco agraciadas, un escritor apuesto tiene que convencer de la calidad de sus libros con más dificultades que si nadie conociera sus rasgos o éstos fueran vulgares, porque en cierto sentido se lo percibe como a un intruso en el mundo escogido, un mundo de caras a menudo ásperas o pomposas o desabridas o resentidas. Bioy, además, según sus retratos, no parece proclive a sacar provecho de su apostura, como si no fuera muy consciente de ella o pidiera discretas disculpas por esa apariencia de actor, o de médico de las clases altas, o de arquitecto; en las fotos más juveniles hasta podría ser un tenista del tiempo en que los tenistas eran muy distinguidos.

En el primer retrato tiene unos cuarenta y siete años y está muy serio. Sus facciones son tan proporcionadas que lo que más llama la atención son

las cejas que la edad va poblando en exceso y las arrugas de la frente y de las mejillas, como si esos fueran los únicos y pudorosos signos de pesar que alguien tan educado se podría permitir mostrar. La mirada, sólo adivinada al estar de perfil, es levemente melancólica pero está llena de serenidad, parece la de un hombre conforme con lo que le va tocando; no resignado, que es cosa distinta, sino acostumbrado a aceptar sin ningún aspaviento lo que le va llegando, bueno o malo, y acostumbrado desde luego a no buscar ni a intrigar ni a atropellar ni a adular ni a empujar (es alguien sin ansias). Ni siquiera a seducir, o acaso lo haría sólo pasivamente. La corbata y el cuello de la camisa son de un gusto excelente muy sobrio, se trata de un individuo que prefiere pasar inadvertido, en la medida de sus posibilidades. Es un rostro elegante y calmado, y sin embargo denota una tensión recóndita en las gruesas venas que se transparentan bajo la sien, como si una corriente de subterráneo tormento atravesara el cerebro limpio y la sosegada frente.

En la segunda foto tiene unos setenta y cuatro años y todas las arrugas han seguido su curso, excavando el rostro que sólo ha cedido en eso: continúa siendo un hombre apuesto, sólo que ahora parece también resultado de su propio esmero, como si dejar a estas alturas de serlo fuera una especie de traición a sí mismo, y al decoro. La mirada, mucho más visible al estar de frente, conserva su serenidad pero ya no deja lugar a las ambigüedades: es una mirada doliente aunque sin queja, ese hombre nunca se lamentaría de su suerte ni de sus pérdidas ni de su destino por crueles que hubieran sido, él ajusta las extrañas cuentas de su vida tan sólo en privado. Las facciones se mantienen a la vez delicadas y enérgicas, no han consentido que el paso del tiempo las haga irreconocibles, como si él las hubiera controlado y amaestrado día a día, quizá son nada más las orejas las que parecen más grandes, uno no suele vérselas en el espejo. La de Adolfo Bioy Casares es una cara excelente, la de un hombre que sabe guardar secretos y que no contará nunca lo que no debe, para no hacer daño al pasado ni a los seres queridos que desde allí lo llaman, o lo contemplan.

Federico García Lorca asilvestrado

La cara de García Lorca es ya un icono demasiado legendario para mirarlo con candidez, sobre todo porque cuando sabemos que alguien ha muerto, o mejor fue asesinado, tendemos a ver en todos sus retratos de cualquier época el rostro del muerto o asesinado, como si lo tiñera una suerte de predestinación retrospectiva. Pero olvidemos eso si es posible, y entonces veremos que en la primera foto hay un joven que parece aún más joven de lo que entonces era —veintinueve años— debido al aspecto algo rural y asilvestrado todavía no perdido pese al paso por Madrid y la fama alcanzada. Es alguien poco envanecido que en lugar de estar posando junto a su amigo Dalí en Figueras podría haber estado esperando el tren, a solas e inobservado, en un andén provincial de su tiempo. Se lo ve pequeño y nada grácil, con esas manos cruzadas casi recatadamente, carente de la desenvoltura precisa para metérselas en los bolsillos o convertir una en puño y apoyársela en el costado. Los pies son asimismo cualquier cosa menos desenfadados, tan plantados en el suelo los dos con el mismo peso que uno pensaría que están a punto de perder el equilibrio y hacer que su dueño se caiga de espaldas. El zapato derecho torcido sin elegancia, ambos un poco

El País
CAROL, NUEVO REY DE RUMANIA

sucios y gruesos y viejos, las punteras ya levantadas por el abuso. Esos botones de la chaqueta abrochados, el modesto jersey de pico, la corbata decente y el cuello de la camisa mal planchado sugieren que se trata de un buen muchacho que aún no se ha atrevido a crearse un estilo de indumentaria propio y todavía se viste como se vestía de chico en casa. El pelo le nace demasiado abajo, con su pico de viuda tan campesino como las cejas densas y negras y con tendencia a unirse, las orejas de soplillo y la nariz bien chata, todo encaja y parece sureño armoniosamente, o acaso es que sus rasgos se ven ahora como paradigma del andaluz moreno. Lo único que desmiente el aire bondadoso, de pulcritud casera, es la mirada, unos ojos turbios y levemente dramáticos que no se adivina qué están mirando o en qué están pensando, o aún más enigmático, que no parecen pensar en nada, como si ante sí tuvieran sólo los rieles vacíos.

Han transcurrido nada más tres años en la segunda foto, pero son muchos en una vida tan corta, aunque entonces no se supiera. Este Federico García Lorca no es muy distinto del anterior, pero él tal vez cree ya lo contrario. Se lo ve aún más pequeño e igual de torpe a la hora de lograr una pose despreocupada, y sin embargo aquí sí la intenta, con ese codo apoyado tan malamente que la mano le queda caída y muerta como un apéndice inservible. Va de blanco porque está en el puerto de La Habana y quizá también porque de ese color es más fácil resultar convencionalmente elegante. Pero la pajarita está torcida y los pantalones no sólo arrugados, sino que le quedan largos y le invaden los pies diminutos, esos pies siempre abiertos con los talones bien hincados. La expresión del rostro es más avezada, mira sesgadamente con desconfianza, haciendo caso omiso de quien quizá fue el pretexto folklórico para el retrato, el niño local vendedor de periódicos. La cabeza de Lorca se aparece aquí más aplastada, el pico de viuda más pronunciado, la piel se habría curtido mucho si se lo hubiera permitido una edad que nunca tuvo. Aquí está en un puerto, pero en cambio no podría estar nunca en un andén de estación provincial esperando el tren a solas ante los rieles vacíos, porque aquí se siente ya legendario y desde luego observado, como lo estaría siempre hasta su propia muerte, y también en ella y también después, y hasta ahora mismo en que yo lo observo.

Victoria Ocampo fantástica

Somos siempre benévolos con el pasado. El equivalente actual de la primera foto nos sería intolerable (o no tanto: nuestro tiempo se deteriora rápido), y nadie con un átomo de seriedad o talento, como Victoria Ocampo, formaría parte del cuadro sin ruborizarse. Con todo, la escritora argentina pertenece al grupo de la derecha, esto es, a la mitad digna de la fotografía, perfectamente aceptable. De hecho hay un elocuente vacío entre Rabindranath Tagore y ella, que acentúa todavía más la discrepancia. A la izquierda hay tres farsantes: la Condesa Anna de Noailles vestida no se sabe si de poetisa, médium, pitonisa o paje, demasiado ensanchada en todo caso para los cuatro papeles; a su lado, el Ministro francés de Bellas Artes con ornamental gesto de mamarracho, parece que esté dando disimulado masaje a la aristócrata en trance; a continuación Tagore, cuya exposición de pinturas se inauguraba ese día de 1930 en la Galerie Pigalle de París, también con un exceso de anchura pese a la vestimenta folklórica del exotismo ortodoxo y los ojos nirvánicos realzados por la piel tostada y el pelo y la barba adecuadamente blancos, o qué digo, níveos. Con todo su Premio Nobel, parece de porcelana, de tan acabado. Y más allá Victoria Ocampo, quien, para mayor contras-

te o para marcar más las distancias, ni atiende al fotógrafo ni atiende al sabio, sino que estudia o lee un librito o panfleto. Ni siquiera hace caso del individuo más alto, Francis de Croisset, que demuestra tener en su gesto occidentalmente sereno un buen sentido del ridículo. Victoria Ocampo es una dama y es elegante, no sólo por el atuendo —sombrero, foulard de buen gusto, la falda tan bien planchada—, sino por su manera displicente y leve de sostener el folleto o de cruzar las piernas. Pese a su distanciamiento, es innegable que a la vez se siente cómoda o —como se decía antes— en su elemento, a saber, la manifestación más social de la cultura. Parece una falsa belleza, esa clase de mujer demasiado inteligente y desenvuelta para que pueda admitirse su falta de fascinación en algún aspecto. Tendría unos cuarenta años. Debía de estar orgullosa de sus cejas. Sostiene el panfleto con los guantes puestos, y hace falta mucha desenvoltura y práctica para pasar páginas con ellos.

Han transcurrido dos decenios o más en la segunda imagen, de los años cincuenta, y aquí Victoria Ocampo ofrece una mezcla de pasado y presente (presente de entonces, se entiende). Del pasado conserva el profuso collar de perlas y la manera de pintarse los labios, aunque esa boca también recuerda a la de Silvana Mangano, actriz de aquel presente y de más futuro. La nariz grande y aguda está difuminada por el exceso de luz en la foto, como también las cejas, o acaso Victoria Ocampo ya había renunciado a ellas al ponerse esas gafas semigalácticas que sí son de su tiempo.

Lo único que permanece invariable es el foulard, ahora lucido con asimetría deliberada, alguien que conoce la importancia de lo que va bajo la cabeza, lo que la sostiene. El pelo es canoso pero no níveo, nada que ver con el del pope o gurú de tebeo. Pero lo que más llama la atención es lo que no se ve en la primera foto, los ojos y cómo miran. Son ojos muy jóvenes, no de alguien que había cumplido ya los sesenta, y aunque los matizan los cristales ahumados, se ven fulgurantes y alerta, con una mezcla de afán, vivacidad y miedo. Quizá es la mirada de quien se aferra a la vida cuando sabe que la vida empieza a prescindir de ella. Victoria Ocampo es aquí una señora mayor sin duda, pero está más guapa que cuando era joven, como si la larga costumbre de la admiración recibida la hubiera hecho considerarse por fin admirable en todos los sentidos y en todos los campos. La tela de la chaqueta es magnífica y el foulard no ha empeorado, pero ya no importan nada: esa mujer sabe ahora que lo social es secundario, pese a haberle dedicado tanto tiempo. Los labios expectantes, los ojos fantásticos, quien mira con ellos no se ha rendido.

Fernando Savater desafiante

He aquí a Fernando Savater, *le philosophe*, en su ciudad natal de San Sebastián o Donosti, con algo menos de cuarenta años, dando la espalda a la playa de La Concha junto a la que ha vivido una infancia entera y buena parte de su edad adulta. Quizá por eso se lo ve tan cómodo y desenvuelto, casi como un propietario que posa ante sus dominios, cruzado de brazos y bien erguido, sin mirar a la cámara porque para él es demasiado natural estar ahí sin que nadie lo vea, no va a hacer ahora caso a un intruso momentáneo que cumple con la ilusoria rutina de hacerle un retrato. Fernando Savater está delgado en esta foto, o tal vez lo estilizan esos pantalones de cintura alta, tan oscuros y a rayas, y esa camisa de espadachín con los puños bien abrochados y las mangas flotantes, hay en la imagen cierto aroma de piratería, por el atuendo y la recortada barba y las gafas ahumadas o el antifaz, como si hubiera habido en él un deseo pasajero de parecer 'el malo', el enemigo fosco y sombrío de todo héroe que se precie, aquel a quien se teme en cuanto se lo ve entrar en escena con su superioridad y su sorna. La camisa un tanto abierta le otorga un aire desafiante que se compagina bien con la nariz grande y levemente puntiaguda —una daga— y con

los labios arábigos y protuberantes. El filósofo parece estar advirtiendo: 'Ojo, que yo también puedo infundir miedo'. Y sin embargo algo de timidez o falta de convencimiento hay en este conjunto de apariencia bravía. Savater no se apoya en la balaustrada, o no del todo, como si temiera mancharse con el blanco recién pintado o se sintiera dueño, sí, pero dueño enamorado y solícito de sus posesiones marinas, alguien que jamás desprecia lo ya obtenido. Y también esos pies lo delatan, pues hay un punto de inseguridad en ellos y no durará la postura; el filósofo no baila.

En la segunda foto tiene unos seis años más y poco ha cambiado. Acaso el rostro se ve más ancho y las canas de la barba han ganado terreno sin prisa, eso es todo. Pero aquí parece bien decidido a ser héroe y no villano, ni siquiera como juego pese a algún detalle de travesura: la abigarrada camisa parece una selva ordenada, y muestra a las claras una mano con dos sortijas, rasgo propio de malvados, sobre todo la del dedo imposible que milagrosamente está doblado. Aun así este retrato no engaña porque permite ver bien la mirada, irónica y bondadosa, penetrante y zumbona, impaciente y afable, consoladora y temible, todo a un tiempo, parece que sea él quien está interpretando al otro, esto es, quien está haciendo el retrato. Se trata de un individuo generoso y jovial y agudo, que sabe sacar partido —o disfrutar, es lo mismo— de las situaciones más pasivas y tontas y aun de las más dolorosas, como si supiera que nunca hay tiempo que perder en fastidios y desolaciones. Este hombre ha visto algo en lo que tiene delante, quizá le ha gustado la persona que lo fotografía o por el contrario ha observado u oído algo divertido o ridículo. El filósofo no baila pero su cabeza no hace otra cosa, da la impresión de que esté guardando un instante la adecuada respuesta a un comentario, la tiene ya en la punta de la generosa frente que no puede estar nunca tranquila, como si la mente que encierra no pudiera ser jamás objeto, sino siempre agente, comprensivo y atento y despiadado y risueño. En una palabra, este hombre está opinando.

Guillermo Cabrera Infante
dinamitero

Son esta vez tres las fotos porque si omitiera la segunda se quebraría el hilo de la continuidad que nunca debe quebrarse, y no quiero renunciar tampoco a la más reciente ni a la más lejana. En ésta, Guillermo Cabrera Infante debe conservar todavía mucho de aquel 'G. Caín' que se pasaba la vida en los cines tanteando imágenes y tocando carnes (o preparándoselas) para escribir de inmediato sobre las primeras y siglos después sobre las segundas, tras mudar de continente. Muchas veces se habrá podido repetir los célebres versos de Marlowe citados por Eliot: 'Has incurrido en fornicación; pero eso fue en otro país, y además la moza ha muerto'. Tendrá treinta y tantos años aunque aparenta menos, como suele ocurrirles a los caribes durante largo tiempo de su edad que se demora siempre. Es un joven lo bastante respetuoso para llevar corbata en una década que no apreciaba el respeto, la de los sesenta, y lo bastante desenfadado para llevarla floja, con el botón alto de la camisa desabrochado como si en verdad se encontrara en la tropical Habana que según el cine lo desmadeja todo. Llama la atención ese pelo tan decididamente lanzado hacia la derecha por una raya de niño peinado aún por la madre. La nariz es ancha y las mejillas redondas

y la boca como de mujer, y es curioso que tenga tan pronunciadamente cóncavo lo que podríamos llamar el centro del lugar del bigote, al contrario que Cary Grant, que lo tenía muy convexo. Pero lo más poderoso es la mirada, tan meditabunda que casi parece un reflejo de desolación. Tal vez ayude a explicársela pensar que acaso la foto no fue tomada en La Habana, sino después de salir de ella para aún no volver.

En el segundo retrato Cabrera Infante está muy cambiado, pero no porque hayan transcurrido unos quince años y su huella se note en exceso, sino porque da la impresión de haber alterado deliberadamente su aspecto el hombre hasta convertirse en un personaje. El elemento asiático que no se veía ha surgido con determinación: los ojos se han achinado y quizá no sólo por las gafas redondas de trotskista exiliado, sino por el bigote y la barba aguda que lo emparientan con un espía de los que no disimulan o con el mismísimo Fu Manchú. En la boca sujeta una pipa, parece, aunque le pegaría más un habano, por filiación y por afición. El pelo sigue lanzado y las mejillas han cobrado vigor, dejan adivinar el hueso de la tensión asomando desde un cuello de gabardina inequívocamente europeo, casi de Sherlock Holmes. Las manos cruzadas y las piernas abiertas denotan a un individuo al que no gusta posar, como si se hubiera sentado un segundo con impaciencia y su ademán exclamara ya al instante: 'Bueno, basta, está bien'. Los ojos son lo más reconocible, aunque ahora hay en ellos más dureza que desolación: les han salido unos pliegues cansa-

dos debajo que sin embargo no logran restarles un átomo de brío —alguien diría que de rencor— desde su mirar extrañamente esquinado a la vez que frontal. Quizá sean sólo los ojos de un tímido, cuanto más se demora la edad éstos más huraños parecen, hasta si no lo son.

Se sabe de Cabrera Infante que no lo es si no se le habla de Cuba, de la cual le chillan los periodistas del mundo entero. Es más, por sus escritos se nota que es un hombre no sólo humorístico —lo cual no es difícil de conseguir—, sino también jovial. En la última foto la mirada es depuración de las anteriores, pero está menos soliviantada: puede ser más inquisitiva y hasta más defensiva aún, pero más pacífica también. El pelo tiene menos de flecha y, como la barba, se ha vuelto cano; ambos lo alejan del revolucionario o espía y lo aproximan a un penetrante y sabio psiquiatra de película americana, *notamment* a aquel Michael Chekhov de *Recuerda* de Hitchcock, el apellido no molestará al retratado, o así lo espero. El ceño está más fruncido, los pliegues bajo los ojos dinamiteros se han hecho bolsas, y sin embargo, si uno insiste en mirar la foto, acaba teniendo una sensación de farsa. Es un rostro que, como los de algunos abuelos de tiempos remotos, está jugando a asustar a los nietos durante un instante para que aprendan las emociones y luego estallar de risa cuando ya no pueda aguantar más su ficción. Pero esa carcajada ha quedado fuera de la foto siempre, quizá porque su jocoso dueño también ha pasado demasiado tiempo ensayando la desolación.

Pablo Neruda nublado

No sé qué edad tendrá exactamente Pablo Neruda en la primera foto, pero seguramente aún se llamaba Neftalí Reyes cuando se la hicieron, o bien llevaba el apellido del cuentista checo desde hacía no demasiado tiempo. En ese joven, en todo caso, aún se ven las huellas de una adolescencia especialmente ingrata y que quizá nunca lo abandonó del todo, quiero decir al poeta. No me gusta señalarlo, pero ese rostro lo hemos visto todos en el colegio, cada uno en el suyo, y si responde a alguno de los prototipos que se repiten siempre en todas las aulas de todos los países y de todos los tiempos, es al del soplón, al del chivato. Es la cara de un muchacho nada agraciado, nublado y no resignado a ello. La mirada se ve estrábica malamente y no puede ser diáfana, pero es que además denota maquinación y resentimiento, ambas cosas aumentadas por las cejas con tendencia a juntarse y con una rara insinuación de calvicie por sus extremos. El pelo surge a poca distancia de ellas y no permite asomo de nobleza en la frente (piel rugosa, como de naranja), ni tampoco las orejas de soplillo ni la nariz aviesa. Y con todo es el mentón lo más autoacusatorio, un mentón que da la impresión de temblar aunque esté en reposo, esquivo y endeble

y movedizo, leve invasor del cuello de la camisa tan alto que priva al joven del otro cuello, el suyo verdadero, el de carne. Y así son los labios lo más tolerable, bastante bien delineados y con una firmeza que contrasta con el resto, algo inestable, yuxtapuesto, poco fiable: todas las facciones parecen estar bailando. El muchacho es demasiado joven para que no adivinemos al mismo tiempo algo de su padecimiento: tal vez es objeto de burlas por parte de sus compañeros y del menosprecio de las chicas. Es alguien que acumula las posibles afrentas sin inmutarse en exceso, en la idea de que podrá devolverlas todas en cuanto se asome y salga al mundo y pueda abandonar la vestimenta de cuasi colegial que todavía lo neutraliza y ata. Es un joven impaciente por dejar de serlo, como si supiera que su salvación y su resarcimiento están más allá, fuera de la edad a la que todos se aferran.

Ha pasado casi toda una vida en la segunda imagen, y aquel muchacho es un hombre maduro de más de sesenta años. En realidad no le quedan muchos de vida, y él no lo sabe, si es que alguien sabe eso antes de tiempo. Hay que reconocer que el aspecto ha mejorado algo por contraste, pero sigue sin inspirar confianza ni resultar muy noble. El antipático pelo ha desaparecido del todo y las cejas se han separado, como si el término de la impaciencia y la llegada de cierta calma las hubieran hecho relajarse y abrirse. La nariz es ahora lo más conspicuo, un narigón innegable, y la barbilla parece menos temblorosa sólo porque se funde con la reinante papada, logrando con ella un conjunto carnoso y con menos aristas en el que las orejas siguen desentonando. La que se ve es enorme, como de animal, de no humano. La mirada ya no maquina, pero no tanto por convicción o porque haya cambiado el carácter cuanto porque acaso todas las tramas han ido saliendo, se han cumplido los designios y el éxito aplaca. Pero esos ojos saltones y un poco despreciativos, la cara ensanchada, confieren al hombre reminiscencias del batracio.

Este sujeto maduro está bastante seguro de sí mismo, como se desprende del niki impropio de su edad y su aspecto —ese brazo se enseña demasiado, es impúdico— y sobre todo de lo que parece un jersey echado sobre los hombros con desenfado y estudio, como si a través de él se resarciera de su adolescencia con grande y rígido cuello blanco. Hay en la expresión ensimismamiento y puede que un retazo de padecimiento, pero yo diría que ambas cosas son momentáneas, tal vez una expresión ensayada para el retrato, sólo a éste destinada. En el fondo está alerta, aguardando el clic de la cámara para volver a dominar la escena y la charla. Decir esto es aventurado y hasta impertinente, pero debió de ser un individuo implacable. Al menos es seguro que por entonces no toleraba burlas de los colegas ni menosprecio de las mujeres.

Eduardo Mendoza venidero

En la primera foto Eduardo Mendoza tendría poco más de treinta años y parece haberse disfrazado de siciliano arcaico a propósito, si bien cabe la duda de si se travistió así para el retrato tan sólo o si el aderezo formaba parte de una falsa personalidad que habría decidido adoptar en la época, hacia 1975. No es fácil creer que fuera de esta guisa un día tras otro, o quizá noche tras noche, como algunos de sus personajes.

Hace ya tanto tiempo que su imagen actual no cambia, como si hubiera alcanzado una cristalización inapelable, que resulta extraño contemplarlo ahora con otros aspectos, hasta el punto de que estas fotos antiguas parecen de un impostor o de alguien que no era Eduardo Mendoza todavía aunque llevara su nombre. Y así da la impresión, en las dos primeras, de que hubiera existido un largo periodo en el que Mendoza el verdadero prefirió ser otro o aparentarlo, y quiso camuflarse o negarse, quiero decir negar a quien tenía demasiada gravedad o peso, o por lo menos aplazarlo. Lo más llamativo son sin duda esos mostachos ondulados y gruesos, con una curvatura final que no les permite ser mexicanos sino del Mezzogiorno, parece un individuo salido de una película de Pietro Germi. Y eso es lo sospechoso, que no se lo ve real

sino figurando en un film o en una estampa, se ve más a Manfredi o a Mastroianni haciendo de palermitanos que a uno auténtico con pistola en el sobaco y uñas muy pulcras. Tampoco puede no recelarse del azar de la imposible mezcla: camisa a cuadros grandes y traje de raya ancha con solapas de apoderado. Se diría algo urdido, para despistar y resultar un poco chulo, tarea vana. No por falta de astucia o de dotes interpretativas, a buen seguro (hay que reconocer que la composición es hábil: el individuo queda innegablemente latino), sino por la mirada, que pese al abigarramiento es lo que acaba dominando el retrato. Son ojos tristes como de viudo joven, pero limpios y francos, sin doblez ni desconfianza. Y miran como si estuvieran lejos de todo, de la ocasión, del fotógrafo, de su indumentaria absurda y hasta de sí mismos. Quizá miran desde el futuro.

Ha transcurrido más o menos un lustro en la segunda foto y aún continúa la farsa. A ese Mendoza robusto y barbudo se lo reconoce aún menos: por el gesto de la mano y la oreja encrespada, por la camisa a cuadros chicos y la cazadora, se diría más un pintor rudo que un escritor de ironías, alguien que ansía parecer primario. La barba cuidada pero poco estudiada es la antítesis de los mostachos diseñados pero rebeldes, los pelos de aquélla se ven recios y tiesos, nada relamidos, son protectores. Este hombre sigue sin querer saber quién es, o acaso es que lo sigue ocultando.

Ya no hay vuelta de hoja, en cambio, en la tercera imagen, siete u ocho años más tarde. Es un

Mendoza tan verdadero que casi dan ganas de ahuyentar a los previos, por inverosímiles y usurpadores, si bien aquí se recupera algún rasgo ennoblecido de la primera foto: la delgadez ya no es insuficiencia sino decisión; la fragilidad del mentón no es de pipiolo sino de golpeado; la mirada buena es mejor. Ya no hay disfraz de ninguna clase. Se trata de un hombre curtido y de expresión distinguida, una persona de calidad evidente. Debe de haberlo pasado algo mal, pero es uno de esos rostros en los que el sufrimiento posible ha quedado incorporado como experiencia y humor y acaso como desengaño, no como adquirida dureza ni resentimiento. Las cejas al principio tan inocentes que rayaban en la simplicidad son ahora dos trazos veloces como relámpagos dibujados, y la nariz ha crecido o se ha ensanchado, como si lo hubiera hecho al compás de su carácter. Ya no tiene nada de latino, sino que recuerda vagamente a Faulkner y vagamente a Hammett, por mencionar dos colegas suyos y porque Mendoza tendrá ya para siempre algo de terrateniente y algo de detective. Pero lo que más ha cambiado es curiosamente lo que también más permanece, la mirada. Sólo que ahora, además de buena y un poco triste, es alerta y aguda, es comprensiva y a la vez no se engaña. Ve demasiado. Pero uno podría entrar en su campo y ser visto sin alarmarse, porque también es seguro que esa mirada, ese hombre, se guardan los juicios para sus adentros.

Antonio Martínez Sarrión
desaforado

Parece como si en el poeta Antonio Martínez Sarrión los cambios se manifestaran en la capilaridad sobre todo, tanto más cuanto que se dirían involuntarios, sin duda no producto de un estudio y una decisión puesta en práctica, sino más bien de una evolución natural y aun salvaje, como la maleza de un jardín descuidado que tan sólo se poda de tarde en tarde y el resto del tiempo se despliega en desorden y abre su propia senda sin senda.

En la foto más antigua hay, sin embargo, una concesión de la juventud a la época que la albergaba, los años setenta. Su calidad es tan mala y su grano tan grueso que casi esconde más que muestra. El poeta tiene además los ojos cerrados y parapetados tras unas gafas de montura tan negra —tan carcelaria— que se llevan toda la atención de quien lo contempla. Hay un cigarrillo a punto de ser atrapado, hay al fondo una incongruente foto de Humphrey Bogart con expresión doliente, se ve mucho más nítida que el rostro de carne y hueso, desleído. Pero no hay quien oculte esas ominosas patillas de bandolero, un rasgo de españolidad furiosa —o la montaraz conocida— en ese joven de treinta años que no quiere verse ni que lo vean.

La segunda imagen guarda cierta semejanza en algunos detalles: la mano izquierda alzada, el pitillo entre los mismos dedos que iban hacia el primero, en la misma muñeca los relojes conspicuos. Este hombre con diez años más ya no es tímido, sino desafiante; o mejor dicho, se ve que está todavía luchando o dispuesto a la beligerancia y en guardia, quizá a causa de la literatura, quizá a causa de los maestros retados, quizá a causa de las mujeres aún no conquistadas. El rostro ha adquirido lo que le faltaba antes, carácter y brío y huella: hay una pulposidad de la piel, hay ojeras, hay pliegues junto a la boca que son narrativos. El pelo es un alboroto y confiere al conjunto un vago aire romano; de no ser por las gafas opacas podría ser la cabeza de un historiador o redactor de anales, más que de un Propercio, su antepasado. La oreja visible es inmensa, y parece que sea ella la que ha expulsado con ímpetu y acaso ira a las patillas delictivas, arrasando con ellas, convirtiéndolas ahora en un borrón de cuadro abstracto, una mancha en veloz movimiento. Es un hombre que no cuida mucho su apariencia, probablemente porque no tiene tiempo, ya cuida el gesto: seguro que el cuello de la camisa se lo comía el jersey, por la espalda.

En la tercera foto vemos por fin la mirada, que es comprensiva y honrada y, como era de esperar, miope. No hay en ella doblez, no tiene nada que ocultar ni que reprochar a nadie, quizá el poeta se ha dejado de desafíos innecesarios. La maleza ha sido podada y es como si con el pelo se

hubiera hecho todo más compacto, la cara posee una consistencia más dura y tersa, tal vez es que está más sujeta por quien la lleva sin ya tanto combate, alguien más apacible pero en modo alguno acomodaticio: los ojos que ven mal están bien despiertos, miran a la cámara con una media sonrisa, la de alguien que conoce el exceso y por ahora lo ha aplazado, o ha empezado no sólo a vivirlo, sino además a recordarlo.

El último retrato es aún fiel a los otros en el cigarrillo y la mano vehemente que ahora presiona los labios. Antonio Martínez Sarrión ha abandonado sus gafas, ve mejor o es ya perro tan viejo que se basta con sus ojos saltones y claros como de estatua. El rostro está del todo tallado, los pliegues han aumentado su capacidad de relato y el cabello ha vuelto a enfadarse con su natural tendencia a la romanidad, ahora canosa y más serena. Aquí Sarrión mira a alguien que no es el fotógrafo, está escuchando y quizá no le gusta mucho lo que está oyendo, o puede que lo esté respetando. Es un hombre atento con furia escondida, o que ha renunciado a ejercerla. Así debían de ser los verdaderos poetas de los tiempos heroicos, no muy distintos de los gobernantes, ni de los púgiles.

Luis Cernuda vencido

Corre la leyenda de que Luis Cernuda fue un hombre esquinado y difícil al trato, susceptible y con su dosis de resentimiento intensificada siempre por el largo exilio que le duró hasta la muerte en México. Pero cuanto se dice de los demás es leyenda siempre, sobre todo si no están vivos y son sin embargo contemporáneos.

La primera foto es la única de estas cuatro anterior al exilio, y el poeta tendría treinta y dos años, ahí sentado en el mirador de Ronda que tanto impresionara a su antepasado Rilke. A él, quizá por andaluz o por tenerlo muy visto, no parece emocionarlo mucho ese célebre paisaje, lo observa con una mezcla de displicencia y recelo, o acaso es que está más pendiente del retrato que le están sacando y también de sí mismo en la concienzuda tarea de posar con garbo. Es un hombre a la vez inseguro y altivo y que por lo tanto se estudia mucho: su raya en el pelo, tan alta; su bigote recortado y pulido para descubrir el labio; su atuendo y postura de esteta a un solo paso del lechuguino. Esos zapatos bicolores son imposibles hasta en septiembre del 34, cuando se tomó la instantánea. La raya del pantalón de sport resulta inverosímil en jornada de excursión o campo, y el tórax, curiosamente, parece el de un no-

vio. Eso sí, el de un novio tan irritado con el cura y su plática que se ha salido de la ceremonia a esperar que acabe.

Han transcurrido unos catorce años en la segunda foto, pero en el sujeto ha debido de pasar más tiempo, ya que abandonó su país diez años antes y la mayor parte de ellos los pasó en Inglaterra, donde el exilio puede maltratar más de la cuenta: impide prosperar, no ofrece cobijo, fomenta rencores, no proporciona la menor confianza. Aquí está en cambio en América, en Vermont, probablemente al poco de haber llegado, y sin embargo se le nota ya el efecto benéfico y algo carnavalesco del país de las oportunidades. Es un individuo que ha adquirido seguridad en sí mismo, hasta el punto de atreverse a parecer lo que no es ni ha sido ni será jamás: un director o productor de cine, un plausible potentado precario. Está en todo caso disfrazado de americano, con su camisa holgada y su pañuelo ordenado al cuello y su pantalón con trabillas y su pipa nueva de psiquiatra. Parece momentáneamente próspero y satisfecho, sólo alguien así se echa la chaqueta sobre los hombros y la manga corta.

Las siguientes dos fotos no pueden resultar más opuestas, como si el mismo hombre fuera en ambas el contrario de sí mismo. Prefiero acabar con la más antigua, que por los escritos me parece la más verdadera. Vuelve el gesto displicente en la de mayor edad de Cernuda, agravado ahora por una respetabilidad sobrevenida, aunque cuántos problemas siempre con la nariz tan corta, como

rebanada. Se ve aquí a un hombre temeroso y duro que no se diferencia en mucho de sus coetáneos antagónicos que gobernaban su país por entonces. Ese bigote blanco de procurador en Cortes, ese pelo tan colocado, esas fosas nasales un poco airadas, o lo que es peor, agraviadas; esos ojos impacientes y fríos que no parecen capacitados para comprender nada de lo que hayan decidido no comprender, de antemano. Esa corbata.

Y en cambio en la cuarta se ve a un hombre más joven tranquilo y vencido. Es una foto de pasaporte, aún no habría cumplido los cincuenta años. Como siempre, se lo ve cuidado por no volver a decir estudiado, con su bonito abrigo y su elegante bufanda sobria. Pero en esos ojos ya no hay recelo ni dureza ni resentimiento, si acaso desengaño y acatamiento, como si se dieran cuenta de que terminó la espera y se acabó la historia, de que lo que siempre fue vivido como provisional ha resultado no serlo, sino definitivo y estable, de que las cartas están echadas y la partida se ha perdido; o se ha perdido más de lo que se ha ganado para tanto como ha durado el juego que se fingía indeciso. Aquí el hombre maduro se muestra como lo que siempre fue y tal vez anduvo disimulando, después y antes: un derrotado. No conviene decirlo, pero en este momento, quién sabe si efímero, su semblante es mucho mejor y más noble por ello.

Horacio Quiroga vehemente

A la vista de estas fotos, el cuentista uruguayo Horacio Quiroga, a diferencia de lo habitual en la gente, cambió poco de cara y mucho de estilo —aunque sólo una vez— a lo largo de los casi sesenta años que duró su vida, hasta que ingirió cianuro tras comprarlo a un farmacéutico al que engañó con la verdad cuando éste le preguntó para qué lo quería. Le contestó: 'Para matarme'.

En la primera se lo ve muy joven pese a la barba bien crecida y picuda. La edad es delatada por la postura desafiante de dandy —las manos en los bolsillos, la pierna cruzada, como si así negara la indumentaria formal—, por el cabello agitado y sobre todo por los ojos entre airados y lánguidos, propios sólo de quienes aún ensayan y creen poder decidir el papel que representarán en el mundo. Aquí se ve todavía a alguien dispuesto a parecer un escritor, y además francés. Sería alrededor de 1900 y Quiroga tendría poco más de veinte años.

Lo mismo ocurre en la segunda instantánea, sin duda no muy lejana en el tiempo, y sin embargo hay más sensación de verdad en ella, quizá porque la mirada no se dirige a la cámara e invita a creer que acaso fuera así siempre, hasta cuando no la retrataran: más suavizada, más clara, sola-

mente pesimista. Se percibe más la nariz grande y ganchuda, que de no competir con la barba resultaría aún más prominente, se comería esa barbilla que uno adivina retraída o escasa. Llaman la atención esos párpados tan cruzados por una arruga horizontal que se dirían bifocales, y las pestañas largas de mujer, y la frente huesuda, y el labio inferior vehemente, como de alguien que anhela o sufre.

En la tercera imagen ya se ha operado el cambio, aunque al ser muy oscura se vea poco del rostro. Lo bastante para comprobar que es el mismo sin apenas variaciones: barba y nariz ahí siguen, sobresaliendo. Pero ahora el hombre pertenece a esa clase de escritor que rehúye sobre todas las cosas tener aspecto de tal. Con la selva al fondo, con una visera o unas gafas de faena en la frente, vestido de explorador o terrateniente afanoso con sus pantalones bombachos y sus botas altas y su pie en la cerca, quizá sostiene —pero no se ve, es el gesto— un cigarrillo en la mano que huele a alto en la tarea, y a sudor y a esfuerzo.

Es el mismo mundo de la cuarta fotografía, tal vez más inverosímil, tal vez más delatora de su deliberación o determinación de ser un hombre de exteriores, curtido, severo, sin bromas, con el pelo y la barba más alborotados y la tarea bien a la vista, construyendo una canoa en San Ignacio, en la provincia argentina de Misiones a la que se fue a vivir antes de cumplir los treinta obligando a su primera mujer, Ana María, a la intemperie de la que él parece ufanarse. El rasgo chocante es

ese tórax desnudo, enfermizo y flacucho, como del poeta maldito que quiso ser en su juventud, y esa palidez de la piel que se adivina, incongruente con el escenario ardoroso. Más que un hombre de acción o de campo parece un misionero, un asceta que ha elegido la selva cuando ella no lo ha señalado.

Pero es de suponer que con la dedicación y el tiempo cualquiera logra forjarse un aspecto y un estilo. En la quinta imagen se lo ve más maduro, siempre sin variaciones en su nariz y su barba, sólo ésta más canosa y más recia; ahora sí semeja de veras un individuo selvático y curtido y duro, alguien que ha perdido la conciencia de sus orígenes, de dónde vino, que ya no debe esforzarse por convencerse de su pertenencia al mundo escogido, sino que lo cree propio y debido. Acaso sea por el contraste con las otras figuras, ciudadanas y dulces: María Elena, su mujer segunda; la hija Eglé, de la edad de la madrastra y habida de su primer matrimonio, también ella se suicidaría, como su madre y su padre; y Pitoca, la niñita de Quiroga y María Elena. Las tres parecen de excursión, él en cambio un geólogo.

En la última imagen sólo vemos su figura, apenas nada de su rostro, las sempiternas conspicuas nariz y barba. Pero se lo adivina ya viejo o casi, o al menos en aquel momento; igual de flaco, compenetrado ya con el río en el que su compañero pesca. Nadie diría ya que es un escritor, ni siquiera fingiendo, ni un terrateniente, ni un misionero ni menos aún un geólogo. Es sólo un viejo de río sin

ningún pasado, con sus pantalones arrugados y su visera, posando confiada y curiosamente para un turista pionero, podría ser eso. Hay una ironía, aunque es muy leve: como en la primera foto, dirige la mirada a la cámara y tiene las manos metidas en los bolsillos. Pero ahora ya no se ha estudiado, sino que se ha logrado.

Autorretrato farsante

El joven de la primera foto tiene veintitrés años y está en 1974 o 75, pero parece salido por lo menos de un siglo antes y la imagen merecería ser ovalada. Con la mirada perdida en el infinito y las pestañas bien visibles y vueltas, la boca de mujer que contrasta con la sombra de cerrada barba (quizá una barba azulada), las cejas como pinceladas indecisas y el pelo que parece organizarse en varias capas superpuestas (una rebeldía ordenada), el conjunto presenta un aire tan subrayadamente romántico que no puede sino ser falso: es muy posible que ese joven de ojos plácidos y algo orientales fuera un bribón, un fingidor, un farsante. Probablemente carece aún de historia, y el carácter se le está formando. Bajo la aparente serenidad se percibe un poco de susto.

En la segunda aparece con gafas redondas de falso revolucionario, y como tal mira a la cámara con arrogancia o desafío tácito. Intenta resultar muy duro, y a ello lo ayuda un poco el mentón más decidido que enérgico y fantasmalmente partido, pero esos labios femeninos siguen restando veracidad a la representación elegida. Hay algo de la primera foto que también aquí permanece: pese a mirar de frente, en el fondo está abstraído, como si fuera algo enigmático a pesar suyo (o incluso

para sí mismo); un rostro un poco impenetrable, aunque ya ha cumplido los treinta años.

En la tercera hay escenario, y quizá comienza con ella la progresiva humanización del sujeto. De pronto ha perdido toda seriedad, lo cual invita a preguntarse si la imagen anterior era una burla. Es obvio que está en verano, se ve el traje de baño bajo la camisa abierta. Se ríe con ganas, quizá por ver que a quien se la hiciera se le ha ocurrido hacerle una foto justo cuando está encaramado a una tapia, algo impropio de sus treinta y tres años. Parece que esté en camino hacia el tejado, acaso va a introducirse por la ranura de la ventana, váyase a saber el motivo. Está en el Algarve y es 1984 y está en la comedia. Se lo ve un frívolo y un salvaje.

Cinco años han transcurrido y la seriedad ha vuelto, sólo que ahora se diría menos 'adoptada' y más verdadera, aunque la expresión no llega a triste. Es más bien atribulada, la de un hombre al que le están ocurriendo o le han ocurrido ya cosas que lo obligan a mirar el mundo de manera más comprensiva y curiosa; se le sigue viendo algo de susto. Ha perdido pelo y la frente es ahora un rasgo, antes era una transición solamente. Se percibe bien el estrabismo del ojo izquierdo, claramente más pequeño que el derecho, en el cual, en cambio, se adivina mejor la miopía innegable. La pincelada de las cejas se ha hecho aún más dubitativa, y los labios se han masculinizado por sus comisuras hacia abajo. Ahora tiene ya historia y parece un hombre determinado, uno de esos individuos incómo-

dos que rara vez piden nada. Por eso podría dar algo de miedo, suele darlo la unión de lo impenetrable y lo determinado. Es difícil imaginar en qué está pensando. (Quizá sea un cabeza hueca.) O más bien qué está recordando.

Sin embargo la otra faceta, la histriónica, no lo abandona jamás del todo, o así quiere probarlo la siguiente y posterior imagen, en la que el escritor va disfrazado de gángster —variedad nerviosa y sádica, los más peligrosos—. No se le ve la mirada, pero el gesto es tan llamativo que la suple sin problemas. La mano izquierda indica que es zurdo o bien que es anticuado (en los años veinte y treinta se fumaba siempre con esa mano). La cámara lo ha pillado en el momento de dar una calada como si le fuera la vida en ello, es seguramente la última del cigarrillo, por la posición concluyente de los dedos. Aquí sí resulta duro, pero es obvio que de nuevo está fingiendo. O aún es más: está jugando. A ser Lee Marvin o Jack Palance o ni siquiera: Clu Gulager. Lo ayuda un poco la cerrada, azulada barba.

El último retrato es de sus cuarenta y cinco años, sólo vemos el rostro, ni siquiera la frente entera ni el pelo más escaseado. Enmarcado en sombra, parece que lo envolviera una cota de malla, y eso lo haría asemejarse a un guerrero; o quizá una capucha, pero en modo alguno podría ser fraile. A este hombre le han seguido ocurriendo cosas en los ratos en que no finge ni juega, y es alguien a quien lo ocurrido deja huella, como si los huidizos hechos que acaban siempre por

diluirse se le depositaran en la mirada haciéndole ver más de la cuenta y se le asentaran en el rostro conforme. Aún es impenetrable pero ya da menos miedo, si lo daba: seguramente sigue sin pedir nada serio, no contemporiza y puede ser justiciero; pero también ha aprendido a ser piadoso.

Procedencia de los retratos

Valle-Inclán 1: Alfonso
Valle-Inclán 2: Alfonso
Borges 1: Grete Stern
Borges 2: Xavier Vallhonrat
Aleixandre 1: Andrés Balmés
Aleixandre 2: Jesse Fernández
Benet 1: Juana Benet
Benet 2: Quique Fidalgo (Staff)
Bioy Casares 1: Cortesía del Ministerio de Cultura
Bioy Casares 2: Mariano Roca
García Lorca 1: Cortesía de la Fundación Federico García Lorca
García Lorca 2: Cortesía de la Fundación Federico García Lorca
Victoria Ocampo 1: Cortesía de Ediciones Culturales Argentinas
Victoria Ocampo 2: Cortesía de Circe Ediciones
Savater 1: Xavier Gorostidi
Savater 2: Cortesía de Ediciones Libertarias
Cabrera Infante 1: Cortesía de Seix Barral
Cabrera Infante 2: Jesse Fernández
Cabrera Infante 3: Cortesía de *El País*
Neruda 1: Cortesía de la Fundación Pablo Neruda
Neruda 2: Hans Ehrmann
Mendoza 1: Cortesía de Seix Barral

Mendoza 2: José María Peñalver
Mendoza 3: Albert Romero
Martínez Sarrión 1: Cortesía de El Bardo
Martínez Sarrión 2: Cortesía de Ediciones Hiperión
Martínez Sarrión 3: Cortesía de Alfaguara
Martínez Sarrión 4: Cortesía de *El Mundo*
Cernuda 1: Cortesía de la Universidad Internacional Menéndez Pelayo
Cernuda 2: Cortesía de la Universidad Internacional Menéndez Pelayo
Cernuda 3: Cortesía de la Universidad Internacional Menéndez Pelayo
Cernuda 4: Cortesía de la Universidad Internacional Menéndez Pelayo
Quiroga 1: Cortesía de Ediciones Cátedra
Quiroga 2: Cortesía de Ediciones Cátedra
Quiroga 3: Cortesía de Ediciones Cátedra
Quiroga 4: Cortesía de Ediciones Cátedra
Quiroga 5: Cortesía de Ediciones Cátedra
Quiroga 6: Cortesía de Ediciones Cátedra
Autorretrato 1: Juan Antonio Fernández Muro
Autorretrato 2: Catherine Bassetti
Autorretrato 3: Daniella Pittarello
Autorretrato 4: Carmen Ballvé
Autorretrato 5: Cortesía de *La Vanguardia*
Autorretrato 6: Chema Conesa

Este libro se terminó
de imprimir en
Casarrubuelos, Madrid,
en el mes de
agosto de 2025